江苏省地方标准

公路桥梁伸缩装置维护与更换技术规程

Technical codes for maintenance and replacement of highway bridge expansion joints

DB32/T 3154—2016

主编单位：江苏省交通运输厅工程质量监督局
东南大学
江苏交通控股有限公司
批准部门：江苏省质量技术监督局
备案部门：国家标准化管理委员会
交通运输部公路局
实施日期：2016 年 12 月 20 日

人民交通出版社股份有限公司

图书在版编目(CIP)数据

公路桥梁伸缩装置维护与更换技术规程：DB32/T 3154—2016／江苏省交通运输厅工程质量监督局，东南大学，江苏交通控股有限公司主编. —北京：人民交通出版社股份有限公司，2017.8

ISBN 978-7-114-14060-0

Ⅰ.①公… Ⅱ.①江… ②东… ③江… Ⅲ.①公路桥—伸缩装置—维修—技术规范—中国 Ⅳ.①U448.14-65

中国版本图书馆CIP数据核字(2017)第185369号

标准类型：江苏省地方标准
标准名称：公路桥梁伸缩装置维护与更换技术规程
标准编号：DB32/T 3154—2016
主编单位：江苏省交通运输厅工程质量监督局
东南大学
江苏交通控股有限公司
责任编辑：丁 遥
出版发行：人民交通出版社股份有限公司
地　　址：(100011)北京市朝阳区安定门外外馆斜街3号
网　　址：http://www.ccpress.com.cn
销售电话：(010)59757973
总 经 销：人民交通出版社股份有限公司发行部
经　　销：各地新华书店
印　　刷：北京市密东印刷有限公司
开　　本：880×1230 1/16
印　　张：2.5
字　　数：56千
版　　次：2017年8月 第1版
印　　次：2017年8月 第1次印刷
书　　号：ISBN 978-7-114-14060-0
定　　价：30.00元
(有印刷、装订质量问题的图书，由本公司负责调换)

江苏省交通运输厅文件

苏交质〔2017〕3号

省交通运输厅关于贯彻执行江苏省地方标准《公路桥梁伸缩装置维护与更换技术规程》的通知

各市交通运输局、厅公路局、省交通工程建设局、江苏交通控股有限公司：

为规范我省公路桥梁伸缩装置维护与更换技术，及时维修和安全更换伸缩装置，保障桥梁安全运营，由江苏省交通运输厅提出，江苏省交通运输厅工程质量监督局、东南大学和江苏交通控股有限公司等单位组织编写的《公路桥梁伸缩装置维护与更换技术规程》已经江苏省质量技术监督局评审通过，由国家标准化管理委员会以2017年第2号备案公告，批准成为江苏省地方标准，并于2016年12月20日实施，标准号为DB32/T 3154—2016。

全省各营运单位，高速公路、跨江大桥、国道、省道等养护管理单位，应当予以贯彻执行。并请各有关单位在实践中积累资料，总结经验，及时将发现的问题和好的建议函告江苏省交通运输厅工程质量监督局（南京市升州路16号，邮编210001），以便修订时参考。

附件1：《公路桥梁伸缩装置维护与更换技术规程》；

附件2：国家标准化管理委员会2017年第2号《中华人民共和国地方标准备案公告》。

江苏省交通运输厅

2017年4月14日

抄送：交通运输部安全与质量监督管理司、各省交通质监局（站）、各市质监站（处）、各市公路管理处、南京市交通建设投资控股（集团）有限责任公司，南京二桥、三桥、四桥管理公司，江苏省公路学会。

江苏省交通运输厅办公室　　2017年4月19日印发

中华人民共和国地方标准

备案公告

2017年第2号（总第206号）

国家标准化管理委员会依法备案地方标准362项，现予以公告（见附件）。

中国国家标准化管理委员会
2017年3月3日

附件（节选）

序号	备案号	地方标准编号	地方标准名称	代替标准号	批准日期	实施日期	标准主管部门
205	52387—2017	DB32/T 3154—2016	公路桥梁伸缩装置维护与更换技术规程		2016-11-20	2016-12-20	江苏省质量技术监督局

目　次

前　　言

本规程按 GB/T 1. 1—2009《标准化工作导则　第 1 部分：标准的结构和编写》给出的规则起草。

本规程由江苏省交通运输厅提出。

本规程由江苏省交通运输厅工程质量监督局归口管理。

本规程技术条文由东南大学负责解释。

编制组邮箱：1910116486@ qq. com，电话：025-83793102（0）。

本规程主要起草单位：江苏省交通运输厅工程质量监督局、东南大学、江苏交通控股有限公司、南京长江第二大桥有限责任公司、江苏润扬大桥发展有限责任公司、江苏扬子江大桥股份有限公司、常州华瑞特种加固技术工程公司、衡橡科技股份有限公司。

本规程主要起草人：周明华、姜竹生、黄跃平、吴赞平、惠卓、胥明、谢利宝、彭森、欧庆保、陈辉、陈雄飞、汪锋、翟瑞兴、魏存杰、何顶顶。

评审专家：黄侨、钟建驰、韩大章、潘卫育、郭志明、陈庆华。

公路桥梁伸缩装置维护与更换技术规程

1 范围

本规程规定了公路桥梁伸缩装置的日常维护技术要求和维护方法、公路桥梁伸缩装置更换方案设计、更换技术条件、技术要求和更换方法,以及更换后的质量验收等内容。

本规程适用于具有交通运输部行业产品标准的公路桥梁异型钢单缝式伸缩装置、模数伸缩装置、梳齿板伸缩装置、波形伸缩装置,其他桥梁伸缩装置的维护与更换亦可参照执行。

2 规范性引用文件

下列文件对于本规程的应用是必不可少的,凡是注日期的引用文件,仅注日期的版本适用于本规程,凡是不注日期的引用文件,其最新版本(包括所有的修改单)适用于本规程。

GB 50017—2003　钢结构设计规范
JT/T 327—2004　公路桥梁伸缩装置
JT/T 502—2004　公路桥梁波形伸缩装置
JT/T 723—2008　单元式多向变位梳形板桥梁伸缩装置
JTG D60—2015　公路桥涵设计通用规范
JTG D62　公路钢筋混凝土及预应力混凝土桥涵设计规范
JTG/T F50　公路桥涵施工技术规范
JTG H11　公路桥梁养护规范
JTG/T J22　公路桥梁加固设计规范
JTG/T J23　公路桥梁加固施工技术规范
JTQX-2011-12-1　公路桥梁伸缩装置设计指南
JTG/T H21—2011　公路桥梁技术状况评定标准
JTG B01—2014　公路工程技术标准
JT/T 722　公路桥梁钢结构防腐涂装技术条件
CJJ 2—2008　城市桥梁工程施工与质量验收规范
CJJ 99　城市桥梁养护技术规范
JTG H30—2015　公路养护安全作业规程
JT/T 327—2016　公路桥梁伸缩装置通用技术条件

3 术语与定义

3.1

异型钢单缝式伸缩装置　special shaped steel single expansion joint

由异型边梁钢与橡胶止水带组合而成的伸缩装置。

3.2

模数伸缩装置　modular expansion joint

伸缩体由异型钢与模数为80mm的橡胶止水带和支承横梁(分为直梁和斜梁支承两种),承压支座、压紧支座、位移控制弹簧及位移箱等组合而成的伸缩装置。

3.3

悬臂式梳齿板伸缩装置　cantilever type comb plate expansion joint

伸缩体由钢制梳齿板与支承转轴组合而成，梳齿板支承方式为悬臂式，故称悬臂式梳齿板伸缩装置，亦称跨缝式梳齿板伸缩装置。

3.4

单元支承式梳齿板伸缩装置　unit type multiple comb plate expansion joint

伸缩体由若干标准模块和特殊模块组成，每组模块由支承托架、支承转轴、转动控制座、活动梳齿板和固定梳齿板及导水装置等组合而成的伸缩装置。梳齿板支承方式为简支式，亦称骑缝式梳齿板伸缩装置。

3.5

波形伸缩装置　wave type expansion joint

伸缩体由钢制波形板与专用密封胶以及泡沫棒和 U 形底槽组合而成的单缝式伸缩装置。

3.6

橡胶板式伸缩装置　rubber plate type expansion joint

伸缩体由橡胶板、钢板和支承角钢组合在一起的伸缩装置。

3.7

伸缩装置零部件　components and parts of expansion joint

构成伸缩装置整体结构的各部位的非主要受力构配件。

3.8

伸缩装置维护　maintenance of expansion joint

对伸缩装置容易产生病害的零部件和构造连接部位进行日常维护保养，减少病害发生。对已经发生病害的连接部位和零部件，通过修复或更换零部件，保障正常使用，统称为维护。

3.9

伸缩装置更换　replacement of expansion joint

处于 3 级病害的伸缩装置，主要受力构件和零部件多处损坏，已影响行车安全，伸缩装置整体功能已基本失效，确认无法修复的，予以整体更换。

4　基本规定

4.1　伸缩装置位于桥面上，应平整、直顺、伸缩自如，处于良好的工作状态。对外观病害，应加强巡回检查维护，使之不应有影响桥梁伸缩位移和行车安全的不利因素存在。

4.2　对外观上看不见的病害应定期深度检查，及时发现，登记记录病害位置和病害性质，并及时修复，不留隐患。

4.3　当伸缩装置出现零部件损坏，构造连接螺栓松动、脱焊的，应在专项维护中修复或更换零部件，严格控制病害继续发展。

4.4　对有部分非主要受力零部件或构造连接部位，虽然已达到 3 级病害，但通过维修或更换零部件后可以继续使用的，应尽量避免整体更换。

4.5　当伸缩装置零部件多处损坏达到 3 级病害，确认已基本丧失整体功能，通过维修或更换零部件不能继续使用的，应予以整体更换。

4.6　确认需要整体更换的伸缩装置，根据病害成因，更换方案设计时应有改进措施，避免更换后重复出现相同病害。

4.7　伸缩装置更换应符合本规程规定，并符合 JTG/T J22 和 JTG/T J23 等相关规范、标准的规定，不得损伤原结构。

4.8 新更换的伸缩装置应符合原设计的规格型号和产品质量要求。需要变更规格型号或采用替代产品,应履行变更手续后,方可使用。

4.9 对于伸缩装置预留安装槽口宽度和深度尺寸不符合伸缩装置伸缩量或安装要求而损坏的,更换时应采取有效措施,保证安装和锚固尺寸符合要求。

4.10 当桥面纵横向有较大坡度时,安装伸缩装置应重视纵横向转角变形影响。

4.11 伸缩装置的锚固混凝土损坏较多,更换时宜采用高性能混凝土或钢纤维混凝土等,并提高早期锚固强度。

4.12 伸缩装置维护及更换时,为不影响车辆通行,应按通行车道分段实施,并按 JTG H30 中相关规定,设置围挡和加强交通管制,保障施工作业安全。

5 伸缩装置的维护方法与技术要求

5.1 常态化检查维护管理项目与要求

5.1.1 伸缩缝隙内的垃圾尘土应及时清理,每个季度应至少清理一次。

5.1.2 橡胶止水带等防水密封系统破损,出现渗水、漏水现象时,应及时维护,修补或局部更换。

5.1.3 伸缩装置锚固混凝土开裂破损应及时修复。

5.2 伸缩装置定期专项维护项目与保养周期

伸缩装置定期专项维护项目与保养周期见表 5.2。

表 5.2 伸缩装置定期专项维护项目与保养周期

序号	伸缩装置类型	专项维护项目与保养周期
1	异型钢单缝式伸缩装置	边梁钢变形或断裂,锚固混凝土开裂,橡胶止水带破损,应及时修复或更换
2	钢制梳齿板伸缩装置	锚固螺栓松动,齿板松动脱落,逐个拧紧,齿板翘起或卡齿的逐个修复。支承转轴或转动控制座转动不灵活的,正常情况每半年维护保养一次
3	模数伸缩装置	橡胶止水带修复或更换,每半年一次
		对于有检修条件的模数伸缩装置,中梁钢与支承横梁连接吊架螺栓螺母松动,逐个拧紧,压紧支座和承压支座损坏的逐个更换,每半年一次。 位移控制系统剪切弹簧吊架固定螺栓松动的逐个拧紧,压缩弹簧和剪切弹簧损坏的逐个更换。正常情况下每半年检查维护一次
		中梁钢断裂未断开的,及时修复补焊
		防腐涂装脱落,每两年重新涂装一次
4	波形伸缩装置	波形伸缩装置密封胶和泡沫棒容易老化损坏,每半年养护一次,U 形槽每年检修一次
5	橡胶板式伸缩装置	橡胶板式伸缩装置已淘汰不生产了,发现 2、3 级病害后,不再专项维护,采用替代产品整体更换

5.3 零部件更换修复方法与技术要求

5.3.1 模数伸缩装置的易损零部件

5.3.1.1 承压支座和压紧支座更换。承压支座和压紧支座置于支承横梁的上下部位,数量多,采用若干吊架与中梁钢连接在一起，更换时应逐个松开固定支承横梁的吊架螺栓，逐个取出损坏的承压支座和压紧支座，更换新的支座，再逐个拧紧固定螺栓。若固定吊架断裂，连同吊架一起更换。更换后的承压支座和压紧支座不应有超压变形现象。

5.3.1.2　位移控制弹簧更换。位移控制弹簧是采用吊架直接与中梁钢螺栓连接的，更换时应逐个松开固定位移控制弹簧的吊架螺栓，逐个取出损坏弹簧，更换新的弹簧，再拧紧吊架固定螺栓。更换后的位移弹簧不应有外鼓和初始剪切变形现象。

5.3.1.3　异型钢断裂未断开的，应通过补焊，恢复原来状态。对断开可修复的，应将断开的异型钢重新就位对接焊接，恢复正常工作。

5.3.1.4　构造连接部位脱焊的应补焊，螺栓螺母松动的应拧紧，使其恢复正常状态。

5.3.1.5　橡胶止水带破损的应修复或更换。

5.3.1.6　所有维护和零部件更换部位参照附录A登记记录，并归档保存。

5.3.2　梳齿板伸缩装置的易损零部件

5.3.2.1　活动梳齿板更换。对损坏的梳齿板逐个松开固定螺母，取出损坏梳齿板，更换新的梳齿板。固定螺母损坏或脱落的应更换和补全拧紧。

5.3.2.2　支承转轴和转动控制座更换。对已损坏的按单元更换，拆除固定螺母，取出损坏转轴，更换新的。更换后支承转轴和转动控制座的转动应灵活。

5.3.2.3　导水装置更换。导水装置位于伸缩装置的底部，独立安装，直接拆除损坏的，更换新的。更换后不应有积水现象。

5.4　零部件更换人员

零部件更换原则上应由生产厂家专业人员更换。严禁非专业人员更换。

6　伸缩装置更换的前期准备与拆除方案确定

6.1　一般规定

6.1.1　应由具备桥梁设计资质的单位或生产厂家进行更换方案设计。

6.1.2　设计前应查阅桥梁施工图设计资料、竣工图和交工验收资料。

6.1.3　应查阅桥梁运营后的历年养护管理资料，包括结构部位缺陷检查维护及支座和伸缩装置维护维修记录。

6.1.4　应根据病害检查评定报告，现场实际考察伸缩装置损坏状况，为更换设计提供依据。

6.2　原伸缩装置的拆除技术要点与拆除方案

6.2.1　伸缩装置拆除一般不中断交通。按JTG H30规定，在更换作业区段内应布置围挡并进行适当交通管制，然后对损坏伸缩装置进行拆除。应保证行车安全和更换施工人员安全施工。

6.2.2　应根据不同类型伸缩装置的构造特点采取分段拆除（参见附录B），并确定拆除先后顺序。应尽可能不损坏安装槽口。

6.2.3　伸缩装置拆除后的安装槽口修复，应对局部损坏槽口制订加固修复设计方案，包括对锚固筋和锚固螺栓的整理和修复。

7　伸缩装置更换方案设计

7.1　实测槽口深度和上、下口宽度，并检查测量支座和梁体纵横向移位尺寸，为设计选用新更换伸缩装置规格型号提供依据。

7.2 当实测槽口上、下口宽度和支座及梁体实测纵横向移位尺寸与原伸缩装置有较大偏差时，应复核梁体实际伸缩量，根据复核伸缩量选用伸缩装置规格型号，确定伸缩装置的安装宽度或出厂宽度。

7.3 梁体伸缩量计算复核，应按 JTG D62—2004 第8.6.2 条规定计算。本规程建议亦可按附录C 中推荐的伸缩量简化公式计算（包括钢桥和钢—混组合桥）。

7.4 当复核伸缩量大于或小于原设计伸缩量时，应变更或定制符合复核伸缩量要求的规格型号伸缩装置进行更换。

7.5 当需变更与原设计完全不同类型的伸缩装置时，应在更换设计方案中说明原因，并应附有相应的变更设计资料，包括施工构造措施等。

7.6 对新更换伸缩装置，在更换方案设计中根据病害成因应有改进措施，应避免重复发生相同病害。

7.7 对特大跨度桥梁的超大位移伸缩装置，由于伸缩量大，不确定影响因素多，为防止过早损坏，更换设计时可根据不同桥型增设限位措施，如设置纵桥向阻尼器或在中梁钢下面设置限位尼龙拉伸带和限位装置等减缓位移量措施（参见附录 D）。

7.8 对模数伸缩装置分段更换时，中梁钢对接错缝位置和尺寸应有设计施工图，并应符合相应规范标准规定要求。

7.9 整体更换设计方案应包括更换作业程序和更换实施步骤。

8 伸缩装置更换的技术条件与要求

8.1 伸缩装置更换应尽可能采用原设计相同型号规格的伸缩装置。

8.2 伸缩装置的更换安装缝宽，应根据桥梁所在地区的气温条件和更换施工时的气温计算确定伸缩装置的开口量和闭口量。更换安装时间应按 JTG/T F50 规定选择在白天温差相对变化较小的时段内。

8.3 在更换安装连接处，桥面板的锚固预埋件有缺损时，应打孔补植连接锚筋。植筋大小、数量、长度等应符合 JTG/T J22 等相关规范标准规定。

8.4 伸缩装置在安装焊接时，应采用低电流焊接机焊接，连接筋与锚筋的搭接长度应符合焊接要求，严禁点焊连接。

8.5 模数伸缩装置分段更换时的中梁钢对接焊缝，更换时应错位对接，尺寸应符合更换设计要求，并按 JT/T 327 要求采用钢板两侧贴焊连接，搭接长度应符合产品标准要求。严禁用钢筋贴焊。

8.6 更换后的伸缩装置锚固混凝土设计强度等级应符合 JTG D62 规定要求，不得低于 C50，应有早强措施，宜采用高性能混凝土并采取防裂措施。铺设后，与桥面高差应符合 JTG/T F50 规定要求。

8.7 钢制梳齿板伸缩装置，钢板焊接为防止焊接应力引起的初始翘曲和左右方向变形，应采用气体保护焊或低电流焊机焊接，或采用高温退火方法消除焊接应力，以防通车后齿板翘曲变形和卡齿。

8.8 波形伸缩装置更换，对水泥混凝土路面和沥青路面应区别对待，波形钢板与路面连接锚固方法应有区别，应防止接缝开裂分离。

9 伸缩装置更换方法

9.1 原伸缩装置的拆除与槽口修复

9.1.1 原伸缩装置的拆除

按本规程 6.2 节拆除方案要求，根据不同类型和不同构造特点伸缩装置进行分段拆除。拆除顺序对异型钢单缝式伸缩装置和模数伸缩装置应先拆除锚固混凝土，露出锚固筋和模数伸缩装置的位移箱，然后切断与伸缩装置的锚固连接和模数伸缩装置支承横梁与桥梁上的连接，最后割断拆除伸缩装置。注意保护原安装槽口。对梳齿板伸缩装置应按损坏单元进行拆除。

9.1.2 拆除后的安装槽口和锚固筋的整理与修复

原伸缩装置拆除后，根据本规程6.2节拆除方案设计要求对安装槽口内原锚固混凝土进行彻底清理，对局部损坏的槽口进行修复或加固，对锚固螺栓和锚固筋进行整理，补筋或植筋，使之符合新的伸缩装置的安装要求。

9.2 异型钢单缝式伸缩装置更换方法

9.2.1 应按本规程第7章更换设计方案要求分段实施，根据实测槽口宽度，如果大于设计值130mm，则应根据槽口实际宽度尺寸定制伸缩装置或变更为双缝。如果实测构造缝宽度尺寸小于10mm或完全闭合，则应采取措施扩大槽口宽度，满足原规格型号伸缩装置的安装要求。

9.2.2 如果槽口深度不满足锚固设计厚度，小于40cm，则应适当加深，满足锚固要求。

9.2.3 架设新更换的伸缩装置于构造缝和槽口位置，并调整伸缩装置安装中心位置和平整度，要求与槽口中心线重合，然后将锚固筋与预埋筋焊接并定位。

9.3 模数伸缩装置更换方法

9.3.1 根据本规程第7章更换设计方案，确认所选用的规格型号的伸缩装置进行更换。为不中断交通，应分段更换（参见附录B）。

9.3.2 将确认选用的规格型号的伸缩装置安放到构造缝和槽口位置，使其中心线与槽口中心线重合，并调整支承横梁和位移箱水平及高差位置，先点焊定位。对伸缩装置整体调平，控制伸缩装置边梁低于沥青路面0~2mm。分段更换时的中梁钢对接错缝位置和尺寸，应符合更换设计要求。

9.3.3 支承横梁的焊接，直接与钢箱梁设计位置或混凝土梁预埋钢板位置焊接，先四周点满焊定位，然后按顺序上下左右对称焊接，防止焊接变形。

9.3.4 锚固筋焊接，锚固筋与预埋筋焊接从中间开始向两边依次焊接，每米至少保证2处焊接，再穿入不少于2根纵向钢筋，钢筋接头控制在不同一截面，搭接长度应满足10d。

9.3.5 位移箱的安装就位与支承横梁应处于同一水平线上，左右偏差应最小（≤1mm）。

9.4 悬臂式梳齿板伸缩装置更换方法

9.4.1 原伸缩装置拆除后，根据悬臂式梳齿板伸缩装置的构造特点，检查螺栓组每个螺栓的垂直度和间距，按梳齿板的安装孔距尺寸对其进行整理修复。

9.4.2 根据路面标高，调整螺栓组顶面与槽口两侧路面相齐平，应采用U形或L形钢筋将螺栓组与预埋钢筋焊接定位。要求螺栓组每个螺栓的垂直度和间距应与梳齿板安装的孔距准确一致。

9.4.3 按照设计缝宽安装焊接中间钢模板，要求其顶面应略低于路面梳齿缝、防水布和不锈钢滑板的总高度。

9.4.4 浇筑梳齿板下部（螺栓组架设部位）混凝土。浇筑前应检查模板的稳固和密封情况，防止漏浆现象。浇筑混凝土应采用机械振捣，保证混凝土密实度。

9.4.5 梳齿板安装，将不锈钢滑板安装在螺栓组架上，按预先设置的标高进行调整。然后将滑动板、固定板安放在不锈钢顶面，并调整梳齿板高度，控制与桥面高差在0~3mm内，调整后用螺栓固定。固定螺栓与安装螺栓孔间隙误差应控制在0.5mm以内，严禁敲打。螺母应一次性拧紧，防止松动和脱落。

9.5 单元支承式梳齿板伸缩装置更换方法

9.5.1 按损坏的单元拆除和更换。

9.5.2 对于支承式梳齿板结构（≥240mm的伸缩装置），其梳齿板为两端支承，应按下列条文规定方法更换。

9.5.3 根据更换设计方案实测原预留槽口和构造缝宽度及安装深度是否符合设计图纸要求，并进行修复和加固，符合更换要求。

9.5.4 将新组装的单元U形螺栓组吊装就位，首先调整U形螺栓组的直线度定位，然后根据桥面标高调整其安装标高和平整度，并与相邻单元的标高相一致。同时将支承托架与桥面结构预埋筋点焊定位。若U形螺栓组无法与预埋筋连接，则应与桥面构造钢筋焊接，或采取植筋与其焊接。应保证连接牢固，防止脱焊。

9.5.5 选用合适材料将梁板之间缝隙塞满，并采取临时固定措施。然后焊接安装固定橡胶止水带的角钢，最后安装橡胶止水带。

9.5.6 安装固定梳齿板，通过螺栓将固定梳齿板与U形螺栓组连接成整体，固定用螺母应一次拧紧，防止松动。

9.5.7 安装转动控制座，其定位应与相邻单元转动控制座在同一直线上。然后在转动控制座上安装带有多向变位铰的活动跨缝梳齿板。通过定位螺栓与槽口区域内的预埋钢筋焊接，最后将螺栓、固定螺母一个不漏地拧紧，不应有松动现象。

9.5.8 在预留构造缝槽内和伸缩装置两侧浇筑混凝土时，要求混凝土与两侧路面接平。

9.6 波形伸缩装置更换方法

9.6.1 拆除清理和修复后，实测槽口尺寸，并采取有效措施满足设计尺寸要求。

9.6.2 按更换方案设计要求放置伸缩装置，安装U形底槽与波形钢板焊接，控制波形板沿口标高略低于锚固混凝土表面1～2mm。

9.6.3 安装泡沫棒于U形底槽内，其断面尺寸应与U形槽内断面形状相一致。

9.6.4 在泡沫棒上面灌注专用密封胶，灌胶的环境温度应与胶体设定的操作温度相一致。灌胶前应对波形板进行检查，要求波形板两侧清洁，无锈蚀，无油污。灌胶要求密实，无气泡，黏结牢固，无剥离现象。外观应为凹形圆滑过渡表面，无裂纹及明疤缺胶现象。

9.6.5 在每段伸缩体连接处，应进行现场灌胶黏结等防渗水处理。

9.7 锚固混凝土的浇筑与养护

9.7.1 在新更换的伸缩装置安装检查无误后，最后工序浇筑锚固混凝土。浇筑前应清理所有垃圾，洒水湿润。

9.7.2 按更换设计方案，对浇筑锚固混凝土的强度等级要求不低于C50，一般宜采用高性能混凝土或钢纤维混凝土。伸缩装置两侧混凝土应略低于桥面1～2mm。

9.7.3 混凝土养护，宜在混凝土表面铺设土工布，确认锚固混凝土达到设计强度等级后，方可开放交通。

10 更换后的质量验收

10.1 验收依据

10.1.1 原设计图纸，包括原施工图和竣工图。

10.1.2 本规程及交通运输部相关规范、标准。

10.1.3 伸缩装置更换设计文件。

10.1.4 新更换的伸缩装置应具有产品合格证及质量保证书、生产厂家和生产日期等。

10.2 现场验收项目与质量验收要求

10.2.1 验收资料应齐全，包括伸缩装置更换设计文件、施工资料。

10.2.2 更换后的伸缩装置应符合更换设计方案要求。

10.2.3 外观应平整、直顺，缝隙间距均匀，防水密封系统无瑕疵，锚固混凝土平整，无裂缝缺陷等。

10.2.4 所有构造连接部位螺栓螺母无松动，焊接无缺陷。

10.2.5 支承横梁上下承压支座和压紧支座压缩变形正常。

10.2.6 位移控制元件安装质量，包括压缩弹簧和剪切控制弹簧及机械铰链等安装符合质量要求，处于正常工作状态，应无超压缩变形和超剪切变形现象。

10.2.7 梳齿板伸缩装置外观表面平整，齿板间隙均匀，应无翘曲和卡齿现象。固定螺栓螺母无松动等。

10.2.8 波形伸缩装置接缝无开裂脱胶现象。

10.3 检查、验收方法

首先进行外观目测，然后采取辅助测量手段，采用钢卷尺、钢直尺测量伸缩缝隙均匀度，采用水平尺测量平整度，采用扳手检查锚固连接螺栓螺母松动现象，采用放大镜检查焊接缝缺陷等，宜对所有构造进行细节检查。对内部损伤检查，宜用无损检测方法。

10.4 检查、验收评定记录

本规程采用附录E统一设计的验收记录表。所有验收文件归档保存。

附　录　A
（资料性附录）
伸缩装置病害检查与维修记录表

表 A　伸缩装置病害检查与维修记录表

桥梁名称		主跨结构		上次检查日期	
结构形式		桥长		建成年月	
路线名称		最大跨径		本次检查日期	
桥位桩号		管养单位		上次大中修日期	
位置（桩号）	伸缩装置类型 规格型号	维修项目	维修范围	维修方式	维修日期
记录人		负责人		下次检查时间	

附 录 B
(资料性附录)
伸缩装置更换实例

B.1 实例一:江阴大桥 DS2000 毛勒伸缩装置更换实例

江阴大桥主桥采用进口大位移伸缩装置。在通车运行 5 年后,例行检查中发现伸缩装置经常出现承压支座和压紧支座损坏和脱落、支承横梁拉裂或脱开等现象。病害成因分析认为,桥梁在重载作用下的快速位移变形导致伸缩装置的整体变形协调不适应,而使伸缩装置过早损坏,已无法维修。为保证大桥的安全运营,决定对伸缩装置进行整体更换,如图 B.1 所示。

a) 更换前的原损坏伸缩装置

b) 分段拆除原伸缩装置锚固区混凝土

c) 原损坏伸缩装置分段拆除吊离

d) 新更换伸缩装置分段吊装到安装位置

e) 新更换伸缩装置锚固区加设钢筋网加固

f) 更换后的新伸缩装置

图 B.1 案例一

B.2 实例二:南京长江二桥北引桥 240 模数伸缩装置变更规格型号更换实例

南京长江二桥北引桥 5×50m 和 16×30m 预应力混凝土连续箱梁连接处原设计 240 模数伸缩装置,其中 16×30m 预应力连续箱中间未设置伸缩装置,显然设计与伸缩量计算有误。运营 6 年后,2007 年发现伸缩装置中梁缝隙逐步拉开过大,达到 130mm,实测 30m×16 跨箱梁端头支座滑移 150mm,伸缩缝预留槽口由 240mm 拉开至 390mm,中梁断裂而损坏,决定报废更换,并变更为 400mm 单元式梳齿板伸缩装置。更换后已运营 8 年,一切正常。图 B.2 为 2009 年分段更换时的施工照片。

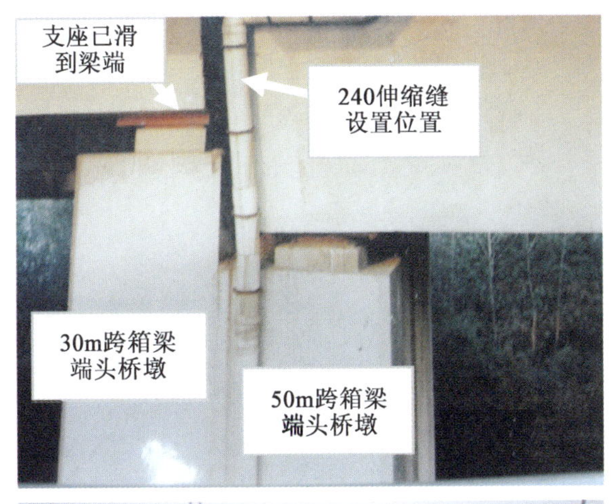

图 B.2 案例二

B.3 实例三:上海南浦大桥640模数伸缩装置更换实例

上海南浦大桥1991年10月建成通车,原设计采用国产640模数伸缩装置,2003年发现严重损坏,2005年采用进口产品整体更换,如图B.3所示。

a)上海南浦大桥640伸缩装置更换前

b)原伸缩装置切割拆除

c)原伸缩装置的吊离

d)更换时新伸缩装置的临时加固

e)新伸缩装置的吊装

f)更换后的南浦大桥640伸缩装置运营情况

图B.3 案例三

附　录　C

（资料性附录）

梁体伸缩量简化计算方法

对混凝土梁桥伸缩量值可按 JTG D62—2004 第 8.6.2 条规定计算，也可按下列简化公式计算复核（包括钢桥和钢—混组合桥等）。

梁体设计伸缩位移量计算：

$$\Delta L = \Delta L_0 + \Delta L_0^1 \qquad (C.1)$$

式中：ΔL_0——基本伸缩位移量；

ΔL_0^1——富余量（考虑不确定因素产生的伸缩位移量）。

基本伸缩位移量计算：

$$\Delta L_0 = \Delta L_t + \Delta L_s + \Delta L_c + R \qquad (C.2)$$

式中：ΔL_t——温度变化引起的梁体伸缩量；

ΔL_s——混凝土收缩引起的梁体收缩量；

ΔL_c——混凝土徐变引起的梁体收缩量；

R——车辆活荷载引起的梁体变位量。

温度变化伸缩量计算：

$$\Delta L_t = \mu \cdot \Delta T \cdot L \qquad (C.3)$$

式中：μ——线膨胀系数，混凝土桥取 1.0×10^{-5}，钢桥取 1.2×10^{-5}；

ΔT——桥梁所处地区的温度变化范围（温差）；

L——有效温度跨长，根据支座布置情况确定（简支梁、多跨整浇预应力连续梁或多跨先简支后连续预制梁等情况）。

混凝土收缩徐变引起的梁体伸缩量：ΔL_s 和 ΔL_c，基于通车 2 年以上的桥梁混凝土收缩徐变已基本完成，更换设计时可不予考虑。

车辆活荷载作用下的梁体变位量 R：由桥梁设计计算确定。更换设计应根据通车以来最高日通行量和大型载货汽车通行量统计值，确定活荷载取值。

车辆活荷载作用下的梁端转角 θ：伸缩装置应能适应车辆荷载作用的桥梁梁端转角变形的需要，转角大小应由设计计算确定，一般情况下可按 0.02rad 取值。对跨度大于 1 000m 的悬索桥，可按 0.05rad 取值。

其他位移或设计位移富余量 ΔL_0^1：主要针对不确定因素（地震、台风等）产生的梁体位移量，包括梁端转角，梯度温度，大型超重载货汽车制动力，大跨度斜拉桥和悬索桥、曲线桥以及斜交桥的可能的不等跨梁长等因素。根据实际结构伸缩位移量大小，预留一定的富余量，一般钢桥按设计基本伸缩位移量的 25% ~35% 取值，混凝土桥按基本伸缩位移量的 20% ~40% 取值。对斜交桥和曲线桥，应通过计算其纵横向位移伸缩量，以采取适当构造措施应对。

附　录　D
（资料性附录）
大位移模数伸缩装置创新维护和改进措施实例

D.1　实例一：采用剪切位移弹簧控制中梁均匀位移的模数伸缩装置，下方增设尼龙拉伸带限制位移过大

图 D.1 为 2005 年建成通车的主跨为 1 488m 的润扬长江大桥，采用进口的 2 160mm 大位移模数伸缩装置（直梁支承式结构）。通车几年后发现控制中梁均匀位移的剪切位移弹簧大量损坏，不断更换，一次要更换几十个。后来安装了尼龙拉伸带（如图 D.1 所示位置），起到了延缓和限制位移过大的作用，大大降低了损坏率。这也是一种创新维护的改进措施，现已得到推广应用。

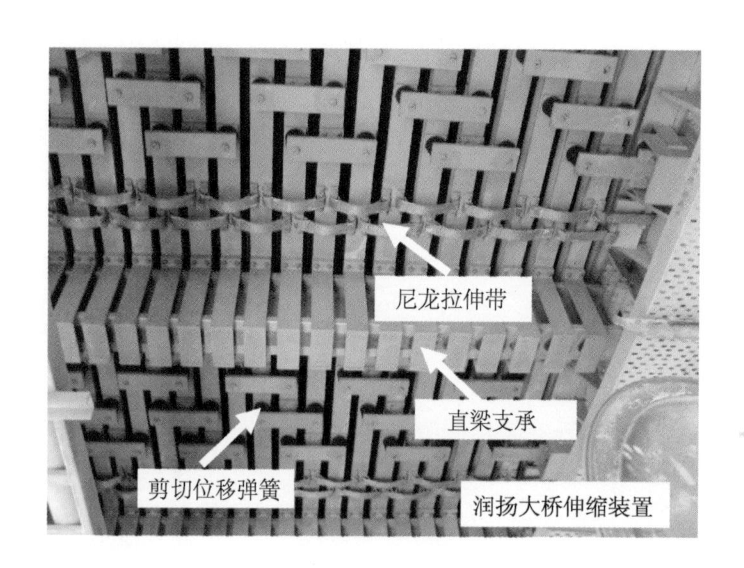

图 D.1　案例一

D.2　实例二：采用支承斜梁几何变位原理控制中梁均匀位移的模数伸缩装置，下方增设阻尼器限位措施

1999 年建成通车的主跨为 1 388m 的江阴长江大桥，采用进口的 2 000mm 模数伸缩装置，利用支承斜梁几何变位原理控制中梁均匀位移。2003 年出现损坏，2006 年整体更换。更换时增设了纵桥向阻尼器［如图 D.2a）所示位置］，起到了有效延缓位移的作用。更换后已正常运行十多年，现已在很多大跨悬索桥上推广应用。

2009 年建成通车的浙江舟山西堠门跨海大桥是全国最大跨度的悬索桥，主跨 1 650m，采用了进口的 1 840mm 模数伸缩装置（与江阴大桥相同型号产品），建成后静动载试验时出现损坏。由于地处海域，受台风影响频繁，正式通车前加设了阻尼器［如图 D.2b）所示位置］，至今运行正常。

a)江阴长江大桥伸缩装置

b)西堠门跨海大桥伸缩装置

图 D.2 案例二

附 录 E
（资料性附录）
伸缩装置更换质量自查验收记录表

表 E.1 伸缩装置更换质量自查验收记录表

桥梁名称		跨度		跨数	
结构类型		建设时间		竣工时间	
伸缩装置类型		规格型号		更换位置（桩号）	
施工单位		项目经理		更换日期	
检查验收项目	质量验收规范的规定（条文号）	施工单位自查评定记录		监理（建设）单位初评记录	
		合格	不合格	合格	不合格
施工单位自查评定结果	项目专业质量检查员 年 月 日				
监理（建设）单位初评结果	监理工程师（建设单位项目专业技术负责人） 年 月 日				

表 E.2 伸缩装置更换工程质量验收记录表

桥梁名称		跨度		跨数	
结构类型		伸缩装置类型		规格型号	
更换位置(桩号)		施工单位		项目经理	

验 收 项 目	施工单位自查 评定结果	监理(建设)单位验收意见

检查结论	项目专业技术负责人 年 月 日	验收结论	监理工程师 建设单位项目专业技术负责人 年 月 日

表 E.3　伸缩装置更换工程质量验收评定意见表

<table>
<tr><td colspan="2">桥梁名称</td><td></td><td>结构类型</td><td></td><td>跨度/跨数</td><td></td></tr>
<tr><td colspan="2">伸缩装置类型</td><td></td><td>规格型号</td><td></td><td>更换位置(桩号)</td><td></td></tr>
<tr><td colspan="2">施工单位</td><td></td><td>项目经理</td><td></td><td>技术负责人</td><td></td></tr>
<tr><td>序号</td><td colspan="2">验收项目名称</td><td colspan="2">验收评定结果</td><td colspan="2">专家验收意见</td></tr>
<tr><td>1</td><td colspan="2"></td><td colspan="2"></td><td colspan="2"></td></tr>
<tr><td>2</td><td colspan="2"></td><td colspan="2"></td><td colspan="2"></td></tr>
<tr><td>3</td><td colspan="2"></td><td colspan="2"></td><td colspan="2"></td></tr>
<tr><td>4</td><td colspan="2"></td><td colspan="2"></td><td colspan="2"></td></tr>
<tr><td>5</td><td colspan="2"></td><td colspan="2"></td><td colspan="2"></td></tr>
<tr><td>6</td><td colspan="2"></td><td colspan="2"></td><td colspan="2"></td></tr>
<tr><td>7</td><td colspan="2"></td><td colspan="2"></td><td colspan="2"></td></tr>
<tr><td>8</td><td colspan="2"></td><td colspan="2"></td><td colspan="2"></td></tr>
<tr><td colspan="3">质量控制资料</td><td colspan="2"></td><td colspan="2"></td></tr>
<tr><td colspan="3">安全或功能检测报告</td><td colspan="2"></td><td colspan="2"></td></tr>
<tr><td colspan="3">观感质量验收</td><td colspan="2"></td><td colspan="2"></td></tr>
<tr><td rowspan="4">验收单位</td><td colspan="2">更换施工单位</td><td colspan="4">项目经理　　　　年　　月　　日</td></tr>
<tr><td colspan="2">监理单位</td><td colspan="4">监理工程师　　　　年　　月　　日</td></tr>
<tr><td colspan="2">设计单位</td><td colspan="4">项目负责人　　　　年　　月　　日</td></tr>
<tr><td colspan="2">建设单位</td><td colspan="4">建设单位项目专业负责人　　　　年　　月　　日</td></tr>
<tr><td colspan="3">验收专家组</td><td colspan="4">专家组长：　　　　年　　月　　日</td></tr>
</table>

本规程用词说明

对执行标准条文严格程度的用词，采用以下写法：

1. 表示很严格，非这样做不可的用词：

正面词采用“必须”；反面词采用“严禁”。

2. 表示严格，在正常情况下均应该这样做的用词：

正面词采用“应”；反面词采用“不应”或“不得”。

3. 表示允许稍有选择，在条件许可时首先这样做的用词：

正面词采用“宜”；反面词采用“不宜”。

4. 表示有选择，在一定条件下可以这样做的，采用“可”。

附件

《公路桥梁伸缩装置维护与更换技术规程》

(DB32/T 3154—2016)

编 制 说 明

《公路桥梁伸缩装置维护与更换技术规程》(DB32/T 3154—2016)

编 制 说 明

一、编制本规程的目的和意义

编制本规程的目的，是为了规范在用公路桥梁伸缩装置的正常维护与整体更换，保证伸缩装置维护和更换工程的质量与安全，为养护管理人员提供可操作性的依据。

基于伸缩装置位于公路桥梁表面，属于面上工程，一旦出现病害随时可见，维护修复和更换均在桥面进行，作业难度大，工作面狭小，要求工期短，所以必须实施交通管制或封闭交通，保证作业安全。这是伸缩装置维护和更换作业的特点和难点，因此规范作业和安全作业十分必要。

伸缩装置产品在我国开发应用20多年来，特别是20世纪90年代以后，随着高速公路的大规模建设，其用量急增。从开始的国外引进，到国内自主生产，我国第一部相关产品标准1997年才出台，出台较晚，所以产品质量和安装及维护技术跟不上，导致伸缩装置病害逐年增多，损坏率大幅上升，近几年需要修复和更换的随之增多。由于缺乏操作依据，正常维护修复不到位，导致使用寿命缩短。有些只需简单修复或更换零部件就能恢复正常使用的，却盲目整体更换，盲目施工，严重影响交通。由于作业不规范，更换时损坏桥面路面结构现象时有发生，甚至出现更换后不久又损坏，这是绝对不允许的。根据2014年出台的《公路工程技术标准》规定，桥梁橡胶支座和伸缩装置使用寿命为15年，伸缩装置的维护与更换周期短，任务面广量大，制定本规程不仅必要，而且有长远的意义。

二、任务来源

根据江苏省交通运输厅和江苏省财政厅联合下发的2013年度交通科研计划项目“2013年苏财通(306号)”(项目编号2013T09)，编制江苏省地方标准《公路桥梁伸缩装置维护与更换技术规程》(DB32/T 3154—2016)，由江苏省交通运输厅工程质量监督局、东南大学和江苏交通控股有限公司共同主编。

三、规程编制过程说明

1.伸缩装置维护与更换技术专题研究

(1)伸缩装置缺乏维护而导致病害产生的调查研究。
(2)不同规格品种的伸缩装置的维护方法和维护要点调查分析研究。
(3)伸缩装置损坏后由于不规范更换而重复损坏的案例调查研究。
(4)不同品种伸缩装置损坏后拆除方法与更换技术的研究。
(5)不同品种伸缩装置局部零部件损坏后的更换方法研究。

2.伸缩装置维护与更换技术规程的条文编制研究

(1)在专题研究的基础上，编制组起草了规程的条文内容初稿，并组织编制组全体成员进行讨论，经过反复修改形成规程征求意见稿，发往本省及全国相关设计、施工、公路管养单位和生产厂家等，广泛征求专家意见。根据反馈意见再进行修改，形成规程送审稿。
(2)按规程条文进行了可操作性工程实践和验证。

四、规程条文编制说明

1 范围

本规程规定了公路桥梁伸缩装置的日常维护技术要求和维护方法。编制组在调研中发现,桥梁伸缩装置的日常维护普遍不受重视,垃圾尘土堆积过多,未及时清理,防水密封带破裂损坏普遍,未及时维修或更换,漏水、渗水严重,引起零部件锈蚀,影响伸缩装置的使用寿命。本规程是十分必要的。

本规程规定了公路桥梁伸缩装置更换方案设计、更换技术条件、技术要求及更换方法,并同时规定了更换后的质量验收等内容。

根据调查发现,除了对伸缩量400mm以上大位移伸缩装置更换比较重视外,对面广量大的160mm、240mm、320mm的大位移伸缩装置重视不够,更换作业严重不规范,更换作业单位和技术人员素质较差,缺乏技术品位,胡乱蛮干,乱砸乱敲,对桥面路面破坏严重,更换不久又损坏,有的甚至不到一年。基于上述情况,本规程规定了整体更换必须执行的技术条件和技术要求,杜绝一切不规范更换行为。

本规程规定了适用范围:主要针对具有交通运输产品标准的应用在公路桥梁上的伸缩装置维护和更换,其他桥梁如市政桥梁的伸缩装置维护和更换亦可参照执行。

2 规范性引用文件

本规程主要引用了与公路桥梁伸缩装置相关的交通运输行业规范、标准。由于伸缩装置属于钢结构,应按钢结构设计要求设计,所以还引用了国家标准《钢结构设计规范》(GB 50017)等。

3 术语与定义

条文3.1~3.6根据本规程的适用范围和编制条文需要,对涉及的公路桥梁常用的伸缩装置专业名称及构造特点,采用专用名词形式进行了定义和解释。同时在条文说明中增加了相应照片,便于维护和更换作业人员了解不同型号伸缩装置的构造特点。

3.1 异型钢单缝式伸缩装置

由异型边梁钢与橡胶止水带组合而成的伸缩装置,如图3-1所示。

图3-1 异型钢单缝式伸缩装置

3.2 模数伸缩装置

伸缩体由异型钢与模数为80mm的橡胶止水带和支承横梁、位移控制弹簧及位移箱等组合而成的伸缩装置,如图3-2所示。

图 3-2 模数伸缩装置

3.3 悬臂式梳齿板伸缩装置

伸缩体由钢制梳齿板(尖角形)与支承转轴组合而成,钢齿板支承为悬臂式的,称为悬臂式伸缩装置,如图 3-3 所示,亦称为跨缝式梳齿板伸缩装置(JT/T 327—2016《公路桥梁伸缩装置通用技术条件》中定义)。

图 3-3 悬臂式(跨缝式)梳齿板伸缩装置

3.4 单元支承式梳齿板伸缩装置

伸缩体由若干标准模块和特殊模块组成,每组模块由支承托架、转动控制座、转轴、活动梳齿板和固定梳齿板(矩形状)及导水装置等组合而成的伸缩装置,如图 3-4 所示。由于钢梳齿板为简支式支承,故又称为骑缝式梳齿板伸缩装置(JT/T 327—2016《公路桥梁伸缩装置通用技术条件》中定义)。

图 3-4 单元支承式(骑缝式)梳齿板伸缩装置

3.5 波形伸缩装置

伸缩体由钢制波形板与专用密封胶以及泡沫棒和U形底槽组合而成的单缝式伸缩装置，如图3-5所示。

图3-5 波形伸缩装置

3.6 橡胶板式伸缩装置

伸缩体由橡胶板与钢板和支承角钢硫化在一起的伸缩装置，如图3-6所示。由于损坏太多，故已停止使用。

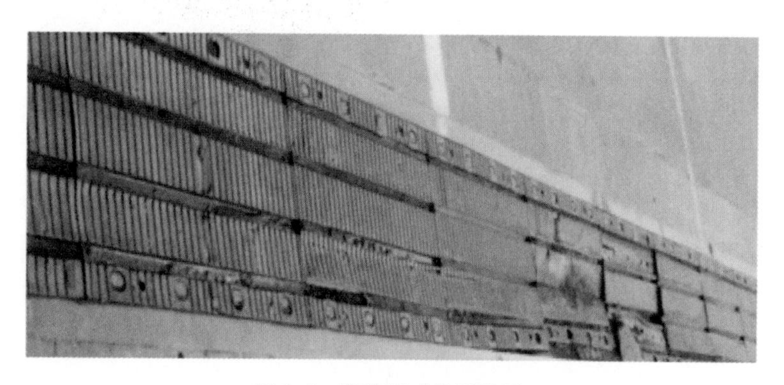

图3-6 橡胶板式伸缩装置

4 基本规定

为规范伸缩装置的维护和更换，本规程列出了12条基本规定。

4.1～4.3 条文规定建立常态化日常检查维护机制，及时发现病害，及时维护。由于伸缩装置位于桥面上，每天直接与行驶车轮接触、碾压、摩擦和冲击，直接经历春夏秋冬、日晒雨露、环境污染等，工作条件恶劣，出现病害和损坏概率很高。条文规定建立日常检查维护机制，对伸缩装置处于良好工作状态和延长伸缩装置使用寿命十分重要。

条文还规定，对外观表面看得见的病害加强日常巡回检查，及时发现尘土垃圾堆积和防水密封系统破损等病害，及时维护，对看不见的病害加强定期深度检查，及时发现，记录登记病害位置和病害性质，及时列入专项维修。

4.4 条文规定，对列入专项维护的2、3级病害，应根据病害成因及时维修。对出现零部件损坏的，构造连接部位螺栓松动、脱焊的，应及时修复或更换零部件，控制病害继续发展。尽量避免整体更换。

4.5 条文规定，基于伸缩装置是有使用寿命的，虽然通过加强日常维护可以延长使用寿命，但随着使用年限的增加，还是会逐渐损坏。损坏严重达到3级病害的，不能通过维护修复或更换零部件继续使用的，应整体更换。

4.6 条文规定了已确认大部分零部件和构造连接部位损坏,已达到3级病害,已无法修复或更换零部件的,需要整体更换的伸缩装置,应彻底查清病害成因,更换时应有改进措施,应避免更换后重复出现相同病害。

4.7~4.11 为保证更换质量,条文规定了伸缩装置更换的若干技术要求,应严格执行。

4.12 条文规定了伸缩装置更换施工时的安全防范措施,确保安全更换。

5 伸缩装置的维护方法与技术要求

5.1 常态化检查维护管理项目与要求

对日常一般性维护管理项目的规定,主要针对缝隙内尘土垃圾堆积过多的及时清理,对橡胶止水带的开裂破损,及时修补或更换,对过渡带锚固混凝土开裂破损的及时修复等。

5.2 伸缩装置定期专项维护项目与保养周期

表5.2中序号1~4规定了公路桥梁常用伸缩装置在例行检查中发现的列入专项维护的项目,这些项目通过维护修复或更换零部件可以控制病害发展,同时分别规定了保养周期。列入专项维护的项目一般都已达到2、3级病害,如果不及时进行专项维护,病害继续发展将会缩短伸缩装置的使用寿命,进而发展到整体更换。

表5.2中序号5规定,对橡胶板式伸缩装置由于淘汰不生产了,当发现达到2、3级病害时不再进行专项维护,而采用替代产品整体更换。

5.3 零部件更换修复方法与技术要求

条文中规定了对不同类型伸缩装置的易损零部件的更换方法与技术要求。

5.4 零部件更换人员

由于伸缩装置零部件更换专业性较强,应优先选择生产厂家专业人员更换。

6 伸缩装置更换的前期准备与拆除方案确定

6.1 一般规定

6.1.1 条文规定了应由具有桥梁设计资格或一级施工执业资格的专业技术人员进行更换方案设计,要求设计人员对本规程涉及的常用伸缩装置构造和施工安装技术比较熟悉,并具有工程实践经验。

6.1.2~6.1.4 条文规定,设计人员应查阅相关设计图纸、桥梁施工图和竣工验收资料,查阅运营后历年伸缩装置养护管理资料,包括检查维护和维修记录等,供方案设计时作为依据。

6.2 原伸缩装置的拆除技术要点与拆除方案

由于伸缩装置位于桥面上,作业面小,要求规范拆除,确定拆除先后顺序,安全作业,不损坏桥面结构和伸缩装置安装槽口。为此,本节条文对拆除方案提出了三点技术要求,都应严格执行。

7 伸缩装置更换方案设计

本章规定了支座更换设计的项目、内容及设计方法。

由于伸缩装置不同于一般钢结构,是由若干零部件通过螺栓连接或焊接组装而成,同时还包含了位移传动机构,很多零部件和构造部位容易出现病害,损坏原因复杂,与安装技术直接有关,所以方案设计时应充分考虑。

7.1 更换前要求检查测量支座和梁体纵横向移位尺寸。槽口有损坏的应按更换方案要求确定加固和修复方案。

7.2 实测拆除后的槽口宽度变化和支座及梁体移位尺寸,复核原安装伸缩装置规格是否满足梁体实际伸缩量。

编制组调查发现,某长江大桥引桥为16×30m和5×50m现浇预应力混凝土连续箱梁,之间设置一条240mm模数伸缩装置,由于16×30m连续箱梁中间未设置伸缩装置,经过8年的运营,16×30m连续箱梁将240mm伸缩装置拉开到390mm而拉坏。从梁端滑板支座滑移量可以精确实测到为150mm,伸缩装置安装槽口实测为390mm,这与实际梁体计算复核的伸缩量一致。结果将原240mm伸缩装置更换为400mm。这是一个典型案例。

7.3~7.4 梁体伸缩量复核计算:

实际工程中的梁体有钢筋混凝土结构,有现浇和预制预应力连续梁,有先简支后连续的多跨连续梁,也有非预应力的,有箱梁、T梁和空心板梁,也有钢结构桥,混凝土桥伸缩量复核计算可按JTG D62—2004第8.6.2条规定计算,也可按本规程附录C提供的伸缩量简化公式计算,包括其他类型桥(钢桥和钢—混组合桥等)。车辆活荷载作用下的梁体伸缩量和梁端转角位移量,还有条文中表述的有关不确定因素产生的位移富余量等应综合起来取值。

7.3和7.4条文规定都与伸缩量复核计算有关,可以根据复核伸缩量和实测槽口宽度定制选用合适规格型号的伸缩装置进行更换。

7.5 条文规定,当需要变更与原设计采用不同型号的伸缩装置时,需在变更设计中说明原因,并应有相应的变更设计资料,包括安装的构造措施等。

7.7 条文规定,对特大跨度桥梁的超大位移伸缩装置,更换要特别慎重。由于伸缩量大,不确定影响因素多,尤其斜拉桥与悬索桥由于受力状态的不同,设计选型和安装等均存在缺陷,对伸缩装置影响非常大,应用在悬索桥上的容易过早损坏。编制组调查发现,国内某大跨悬索桥运营5年左右,伸缩装置即损坏。根据损坏原因,更换时采取了一系列改进措施,包括增设纵桥向阻尼器和尼龙带限制缝隙间位移量等,都取得了积极效果。

7.8 条文规定,对分段更换时的中梁钢对接错缝位置与尺寸,应有设计施工图。

7.9 条文规定,更换方案设计还应包括更换作业程序和实施步骤。

8 伸缩装置更换的技术条件与要求

8.1~8.2 条文规定,伸缩装置更换的规格型号应符合更换设计方案要求。

8.3~8.8 条文规定,更换施工作业应遵循《公路桥涵施工技术规范》(JTG/T F50)、《公路养护安全作业规程》(JTG H30)和伸缩装置相关产品标准的规定要求,这是为保证更换后的质量要求和作业安全而规定的。

9 伸缩装置更换方法

本章条文规定,是根据公路桥梁常用的不同类型伸缩装置更换而分别提出的更换方法。编制组调研中发现,伸缩装置维护与更换主要来自三种不同的施工队伍:有产品生产厂家,有桥梁施工专业队伍,也有非专业施工队伍,其中以产品生产厂家维护更换的为大多数。通过比较,生产厂家维护更换的质量最好,其次是桥梁施工专业队伍,最差是非专业队伍。其原因是生产厂家对伸缩装置的构造和技术质量细节比较了解,更换比较得心应手。所以在新建桥梁的伸缩装置安装时,一般都聘请厂家安装,在产品购销合同签订时就明确提出要求。因此,由生产厂家更换是最佳选择。

本章条文规定是编制组经过调研、更换现场实地考察和更换失败的案例分析,而不断总结出来的更换方法。在征求意见稿过程中,不少专家对更换后质量控制指标也提出了建设性意见。

10 更换后的质量验收

10.1 验收依据

10.1.1~10.1.4 条文规定的验收文件必不可少,这是为伸缩装置更换后的质量验收依据和相关更换设计文件必须齐全而规定的。

10.2 现场验收项目与质量验收要求

10.2.1 条文规定了验收项目中首先是验收文件应齐全,包括伸缩装置更换设计文件,拆除后安装槽口修补加固和锚固筋植筋等资料,新更换伸缩装置产品质量验收与检测报告,产品生产厂家,合格证书和质量保证书,生产日期,出厂日期等。

10.2.2 条文规定更换后的伸缩装置验收首先应符合更换设计方案要求。这主要是由于更换不同于新安装,更换包括了加固修复和变更及改进措施等内容,必须满足更换设计要求。

10.2.3~10.2.8 条文是按桥梁设计和施工技术规范及相关产品标准提出的质量技术要求而规定的,验收时必须满足。

10.3 检查、验收方法

条文中规定的验收方法,主要是针对伸缩装置是由若干零部件组合而成的构造特点和安装质量受多因素制约影响而规定的,所以每个构造细节更换质量都应通过目测和测量手段体现验收结果。

10.4 检查、验收评定记录

条文根据伸缩装置更换后的验收项目而设计验收记录表,详见附录E。验收时按表格内容填写,验收合格后由参加验收各方负责人和验收专家组长签字。所有验收文件收集归档保存。

五、本规程的主要技术指标确定依据

(1)交通运输部相关产品标准、《公路钢筋混凝土及预应力混凝土桥涵设计规范》(JTG D62)和《公路桥涵施工技术规范》(JTG/T F50)中的相关技术规定。

(2)江苏省地方标准《公路桥梁伸缩装置病害评定技术标准》(DB32/T 3153—2016)。

六、本规程实施建议

(1)本规程的适用范围按本规程第1章条文规定执行。

(2)伸缩装置的维护按本规程第4章条文基本规定和第5章条文中维护管理项目规定执行。

(3)伸缩装置更换方案设计按本规程第7章条文规定执行。

(4)伸缩装置更换技术条件按本规程第4章条文基本规定,第8章条文更换技术要求等规定执行。

(5)不同类型伸缩装置更换作业按本规程第9章9.1~9.6条规定分别执行。

(6)更换后的质量验收按本规程第10章条文规定执行。